Dans la même collection

Le plaisir des mots
Le livre de tous les pays
Le livre de la Bible

1 Le livre des fleurs
2 Le livre de la tour Eiffel
3 Le livre de la peinture et des peintres
4 Le livre des découvertes et des inventions
5 Le livre de l'hiver
6 Le livre de l'automne
7 Le livre du printemps
8 Le livre de l'été
9 Le livre des marins
10 Le livre de mon chat
11 Le livre de la montagne
12 Le livre du ciel
13 Le livre de tous mes amis
14 Le livre de tous les jours
15 Le livre du cheval
16 Le livre des chansons de France
18 Le livre des premiers hommes
19 Le livre des costumes
(La mode à travers les siècles)
20 Le livre des maisons du monde
21 Le livre des arbres
22 Le livre des oiseaux
23 Le livre des bords de mer
25 Le livre de l'histoire de France
26 Le livre de tous les Français
27 Le livre des trains
28 Le livre de la découverte du monde
29 Le deuxième livre des chansons
(de France et d'ailleurs)
34 De bouche à oreille
(Le livre des images de la langue française)

ISBN 2-07-039524-3
© Éditions Gallimard, 1985
1er dépôt légal: Septembre 1985
Dépôt légal: Fevrier 1988
Numéro d'édition: 42707
Imprimé par la Editoriale Libraria en Italie

LE LIVRE DE LA LANGUE FRANÇAISE

Agnès Rosenstiehl

Illustrations
Pierre Gay

On doit beaucoup à Jacques Cellard !

On peut le dire !

GALLIMARD

Grandes doctores doctrinae
De la rhubarbe et du séné,
Ce seroit sans douta à moi chosa folla
Inepta et ridicula,
Si j'alloibam m'engageare
Vobis louangeas donare
Et entreprenoibam adjoutare
Des lumieras au soleillo,
Et des etoilas au cielo,
Des ondas à l'oceano,
Et des rosas au printano.

Molière

L'ÉTYMOLOGIE

L'alphabet phénicien
(vers 1100 av. J.-C.)

	bœuf	a
	maison	bb
	chameau	gg
	porte	dd
	fenêtre	hh
	crochet	oue
	arme	zz
	mur	rhâ
	gourde	thâ
	main	y, i
	paume	kk
	aiguillon	ll
	eau	mm
	poisson	nn
	arête	ss
	œil	ê
	bouche	pp
	hameçon	shâ
	chas	khâ
	tête	rr
	dent	ch
	signe	tt

L'alphabet hébreu
(vers 1 000 av. J.-C.)

	aleph	a
	beth	b
	ghimel	g
	daleth	d
	hé	e
	vaw	ou
	zaïn	z
	heth	h
	teth	th
	iod	i
	caph	k
	lamed	l
	mem	m
	nun	n
	samech	s
	aïn	o
	pé	p
	tsadé	sh
	resch	r
	khaph	kh
	chin	ch
	taw	t

L'alphabet corinthien
(vers 900 av. J.-C.)

	alpha	a
	bêta	b
	gamma	g
	delta	d
	epsilon	e
	digamma	oue
	dzéta	dz
	êta	ê
	thêta	th
	iota	i
	kappa	k
	lambda	l
	mu	m
	nu	n
	xi	ks
	omicron	o
	pi	p
	san	sh
	koppa	kh
	rhô	r
	tau	t
	upsilon	u
	phi	ph
	khi	kh
	psi	ps

Les Phéniciens,
commerçants géniaux
et pressés,
ont inspiré tout le monde.

Une des premières choses que fit Tegumai Bopsulai, après que Taffy et lui eurent inventé l'Alphabet, fut de composer un Collier-Alphabet magique de toutes les lettres...

Rudyard Kipling

L'alphabet grec (vers 800 av. J.-C.)			L'alphabet latin (700, puis 300 av. J.-C.)				L'alphabet français manuscrit et imprimé			
A α	alpha	a	A	a	A	a	𝒜 a		A	a
B β	bêta	b	B	b	B	b	ℬ b		B	b
Γ γ	gamma	g	C	g	C	c	𝒞 c		C	c
Δ δ	delta	d	D	d	D	d	𝒟 d		D	d
E ε	epsilon	è	E	e	E	e	ℰ e		E	e
Z ʒ	dzéta	dz	F	f	F	f	ℱ f		F	f
H η	êta	ê	Z	dz	G	g	𝒢 g		G	g
Θ θ	thêta	th	H	hh	H	h	ℋ h		H	h
I ι	iota	i	I	i	I	i	ℐ i		I	i
K κ	kappa	k	K	k	K	k	𝒥 j		J	j
Λ λ	lambda	l	L	l	L	l	𝒦 k		K	k
M μ	mu	m	M	m	M	m	ℒ l		L	l
N ν	nu	u	N	n	N	n	ℳ m		M	m
Ξ ξ	xi	ks	O	o	O	o	𝒩 n		N	n
O ο	omicron	o	P	p	P	p	𝒪 o		O	o
Π π	pi	p	Q	q	Q	q	𝒫 p		P	p
P ρ	rhô	r	R	r	R	r	𝒬 q		Q	q
Σ ς	sigma	s	S	s	S	s	ℛ r		R	r
T τ	tau	t	T	t	T	t	𝒮 s		S	s
Υ υ	upsilon	u	Y	ou	V	ou	𝒯 t		T	t
Φ φ	phi	ph	X	x	X	x	𝒰 u		U	u
X χ	khi	kh			Y	u	𝒱 v		V	v
Ψ ψ	psi	ps			Z	z	𝒲 w		W	w
Ω ω	oméga	ô					𝒳 x		X	x
							𝒴 y		Y	y
							𝒵 z		Z	z

9

Histoire du français

Quelques mots, beaucoup d'usages et presque tous nos noms de lieux nous sont restés du langage de nos ancêtres les Gaulois. Ainsi :

bacar est devenu *bac*
bashoe, *bâche*
baua, *boue*
blato, *blé*
borvo, *bourbeux* et *Bourbon*
braca, *braie* et *braguette*
brin, *brin*
brucos, *bruyère*
caio, *quai*
caliavo, *caillou*
camminos, *chemin*
carrus, *char*
cassinos, *chêne*
comboros, *décombres*
crama, *crème*
druto, *dru*
duno, *dune*
frogna, *renfrogner*
gabalaccos, *javelot*
glisa, *glaise*
gobbo, *gober*
gwalen, *flanelle*
rica, *raie*
sap, *sapin*
selj, *sillon*
soccus, *soc*
tonna, *tonne*
trauc, *trou*
trugant, *truand*
tsukka, *souche*

La langue française est un mille-feuille, fourré de milliers de mots, dont les couches anciennes ont plus de deux mille ans : ce sont les mots gaulois qui constituent notre fonds indigène.

Le gaulois est une langue celte.

VENI, VIDI, VICI !

Mais la plupart des mots français nous viennent de nos autres ancêtres les Romains, qui parlaient latin.

Arrivés en Gaule avec l'armée de Jules César vers 52 av. J.-C. certains ne sont jamais repartis.

Depuis vingt siècles, les mots gallo-romains évoluent comme des êtres vivants, changeant lentement de forme et de sens.

Je suis venu, j'ai vu, j'ai vaincu !
        Iulius Caesar

L'esprit et la prononciation des Gaulois ont transformé les mots latins. Par exemple, **rivalis** qui signifie *habitant sur la rive,* a donné l'actuel mot *rival.* En effet, lorsqu'on habite de part et d'autre d'une rivière on devient le rival de... l'autre rival. Le mot latin **bonum** a donné *bon,* mais aussi *bonbon !* **articulum** qui signifie *articulation* a tortillé sa prononciation jusqu'à devenir *orteil* **regula** a donné *règle* et *rigole* mais aussi *rigolade.*

> Hé ho! rivalis!
> regula. regula...

> Euh... bonus, bona, bonum!

ΕΥΡΗΚΑ

J'ai trouvé !
Archimède

Il faut dire que le latin des Romains était lui-même parfois emprunté au grec, les Romains ayant conquis la Grèce...

Entre autres centaines de mots :
γαλακτος,
qui signifie *lait*,
a donné *galaxias*
en latin,
qui a donné
galaxie - les Anciens imaginaient que notre galaxie était un jet de lait de la déesse Aphrodite.

ὑποκριτης,
qui signifie *acteur*,
a donné *hypokrita*
en latin,
et l'*hypocrite*
français :
quelqu'un qui feint des sentiments qu'il n'éprouve pas.

gaffôn, filljo!
gwaton l'pott brekan à Suessio !

Dès l'an 200, les Francs venus de la Germanie ravagèrent la Gaule romaine. Mais nos ancêtres francs ont adopté la langue de nos ancêtres gallo-romains vaincus. Les langues gauloise, latine et franque sont à l'origine du vieux français.

A-VNIBVS

Souviens-toi du vase de Soissons !

Clovis,
roi des Francs

B.D. FRANQUE

> Gwrakjo ! lotja d'suppa d' krusil ! dintjan !

RÎKI ?

ᚠ ᛈᛁᛟᛊᛖᚲᚱᛁᛚ ᛬ ᚠᚠᛊᛗᛁᛊᛟᚠ ᛬ ᛁᛊᚦᛁᛁᛁᛁᛏᛟᛈᛖᛊ ᛬ ᛈᚢᛊᛁ

> Ah... throp markôn, krampon... gwalahlaupan...

> Ah Gwilhelm, Gwerra krotta...

FIN

Entre autres dizaines de mots :
gaffôn a donné *gaffe*
filljo, *félon*
gwaton, *guetter*
pott, *pot*
brekan, *broyé*
urgoli, *orgueil*
gwrakjo, *garçon*
lotja, *louche*
suppa, *soupe*
krusil, *groseille*
rîki, *riche*
dintjan, *danser*
throp, *trop*
markôn, *marcher*
krampon, *ramper*
gwalahlaupan, *galoper*
Gwilhelm, *Guillaume*
gwerra, *guerre*
krotta, *crotte*

13

١ ٢ ٣ ٤ ٥ ٦ ٧ ٨ ٩ ١٠

1   2   3   4   5   6   7   8   9   10

Entre autres mots :
al kohol
a donné *alcool*
qahwa, *café*
narandj, *orange*
izbinakh, *épinard*
charab, *sirop*
ta rif, *tarif*
maghzen,
magasin...
et **sifr** a donné en
français deux
nouveaux mots :
chiffre et *zéro* qui
étaient aussi de
nouvelles idées !

*Il faut que la langue
dévore tous les
mots étrangers qui
lui sont nécessaires,
qu'elle les rende
méconnaissables.
Dans ce cas, il ne
faut jamais hésiter
à sacrifier
l'orthographe au
son.*

    Remy de Gourmont

Entre autres :
all'arme
est devenu *alarme*
all'erte
est devenu *alerte*
brigata
est devenu *brigade*
squadron
est devenu *escadron*

Les Sarrasins avaient envahi progressivement tout le sud du pays. Avant de repartir, ils nous ont laissé à leur tour quelques mots arabes, ainsi que l'algèbre et les échecs.

Les Italiens et les Français se sont rencontrés pour faire du commerce ou pour marier leurs princes, souvent même pour se faire la guerre. Certains mots de la langue italienne sont passés dans la nôtre.

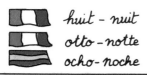 huit - nuit
otto - notte
ocho - noche

 acht - nacht
aetta - natta
eight - night

La guerre ou les échanges pacifiques avec d'autres voisins nous ont sans cesse apporté de nouveaux mots. Bien souvent, le commerce nous a apporté le mot avec la chose !

Ayacotl
tomatl
tlacuca
huatl
cacau-
tl...

Tiens, du ringhband pour ton striken !

Oui ?! ça vient du bolwerc ?

Les Aztèques, colonisés par les Espagnols, nous ont envoyé de nouveaux produits, donc des mots : **ayacotl**, *haricot* **tomatl**, *tomate* **tlacucahuatl**, *cacahuète* **cacautl**, *cacao* sont des mots nahuatl.
Du néerlandais, nous tenons **bock**, *bouquin* **bolwerc**, *boulevard* **ringhband**, *ruban* **striken**, *tricot*...
De l'allemand : **brettil**, *bretelle* **käppi**, *képi* **thaler**, *dollar* **nüdel**, *nouille*...
De l'espagnol : **mirador**, *mirador* **camarada**, *camarade* **cigarro**, *cigare*...
Du bulgare : **jaourt**, *yaourt*
De l'eskimo : **anorak**...
De l'hindi : **pyjama**...

15

La festo... toujours in dansan
Avan la man dins la man
En arrié coume en avans
Enjusqu'au lendeman.

Chanson provençale du Roi René

Du picard nous avons gardé :
boulenc, *boulanger*
ouchine, *usine*
cauchermare, *cauchemar*...

Du normand des Vikings :
merki, *marché*
dunn, *duvet*...

Du breton :
balazn, *balai*
gwemon, *goémon*
bizou, *bijou*
gwelan, *goéland*...

Le provençal, ou plus exactement la langue d'oc, nous a laissé énormément de mots car elle a servi à écrire des chefs-d'œuvre de la littérature du Moyen Age. Entre autres, le mot *amour !* Le breton et le provençal sont encore parlés en France, malgré les efforts des instituteurs du XIXe siècle qui interdisaient aux enfants de parler leur langue à l'école.

En France, il y a cent ans, on parlait encore des langues et des patois très variés dont nous utilisons aujourd'hui certains mots.

> *Quoi ! Monsieur sait du grec ?*
> *Ah ! permettez, de grâce,*
> *que pour l'amour du grec,*
> *monsieur, on vous embrasse !* Molière

Lorsque les sciences ont nécessité de nouveaux mots, on les a fabriqués directement avec des racines grecques ou latines.

Ainsi du grec :
στυλος, *poinçon*
γραφειν, *écrire*
ορθος, *droit*
ὕδωρ, *eau*
φιλος, *ami*
ἑκατον, *cent*
μετρον, *mesure*
λιτρα, *litre*
φονος, *son*
λογος, *discours*

L'anglais a donné :
knife, *canif*
bat, *bateau*
riding coat, *redingote*

Aujourd'hui, la langue française, toujours vivante, se nourrit de certains mots anglais qu'elle digère.

Le mot *beaupré*, à l'air si français, nous vient de l'anglais **bousprct**, lui-même tiré du néerlandais **boegspriet**... **Square**, **film**, **sport**, **buffet**, **tickct**, **bifteck**, **marqueur** nous viennent de l'anglais. Nous avons actuellement une petite indigestion de **hot dogs**, de **rollers**, que nous assimilons lentement.

Izont
des bloudjinnes ?

Zazie de Queneau

17

Histoires de mots

Certains mots ont une histoire très bizarre... ou tellement évidente qu'on n'ose pas y croire.

TRUIE

La truie est la femelle du porc. Quand elle est pleine de petits porcelets, elle fait penser au cheval de Troie plein de soldats grecs. En latin on disait **porcus troïanus**, *porc de Troie*.
On a gardé troïanus... troujan... truia... truie !!!

SARDINE

Une sardine ? C'est le poisson qu'on pêche en Sardaigne !

CHARCUTIER

En vieux français, *chaircuitier* : c'est celui qui vend de la chair cuite.

DINDE

C'est une abréviation pour désigner la *poule d'Inde* rapportée du Mexique (à l'époque, on croyait que c'était l'Inde) où le *dindon* fut découvert par les Espagnols.

RENARD

Au Moyen Age, Renard était un nom d'homme comme Renaud ou Bernard. Puis apparut le *Roman de Renart*, suite d'aventures d'un goupil (ancien nom du renard), malin et voleur, que l'auteur avait baptisé Renart. Ces histoires eurent un tel succès qu'on ne désigna plus l'animal que sous le nom du héros. Comme si aujourd'hui on disait un donald pour désigner un canard !

CRAVATE

Les cavaliers du régiment du roi Louis XIII, le *Royal-Croate*, portaient une mince écharpe particulièrement remarquable. Dès 1636, chacun voulut porter une *croate,* mot qui s'est vite francisé.

VASISTAS

Was ist das ? ou *Qu'est-ce que c'est ?* dit-on en allemand, tout en jetant un coup d'œil par cette petite ouverture...

TENNIS

Tenez ! criait autrefois le serveur anglais lançant la balle, parlant français avec élégance en s'exerçant à ce nouveau jeu anglais. A force d'être répété, *tenez !* est devenu le *tennis* anglais, mot français revenu au français sous sa forme anglaise.

CHANDAIL

Histoire très courte : c'était le tricot porté par les marchands d'ail auvergnats !

BARBECUE

C'est un bœuf entier, rôti au feu de bois, complètement embroché de la barbe à la queue : un barbe-à-queue !

MIGRAINE

Soit le mot grec **hemi** qui signifie *demi,* le mot grec **kranion** qui signifie *crâne :* **hemikranion** c'est un mal de demi-crâne, la migraine, quoi !

FORÊT

En latin, **foris** signifie *en dehors,* et **silva** signifie *forêt.* **Forestis silva** signifiait donc autrefois *forêt en dehors,* en dehors de l'enclos du château royal : c'était la *forêt royale* au Moyen Âge. Mais en parlant vite, **silva** est tombé, seul **forestis** est resté ! et le **s** s'est transformé en accent circonflexe, comme toujours dans ces cas-là.

COQUELICOT

Le mot *coq* vient de l'onomatopée, du cri de l'animal : cocorico ! Or la fleur est exactement de la même couleur que la crête du coq; autrefois, *coq* se disait aussi *coquelicot.*

PEINARD

Un homme de peine, qui a beaucoup de peine en travaillant, a bien le droit de se reposer : il devient peinard.

RÉGLISSE

Glukurrhiza est un mot grec qui signifie *douce racine.* (Le réglisse en est une). Ce mot a donné en latin **liquiritia,** qui signifie *liqueur.* Puis s'est transformé en *licorice.* Puis la langue a fourché en *ricolice* à cause de la forme en bâton, comme une règle, du *réglisse !*

LAVANDE

La lavande sert à laver, et voilà ! (à l'époque, se couvrir de bonnes odeurs s'appelait laver...).

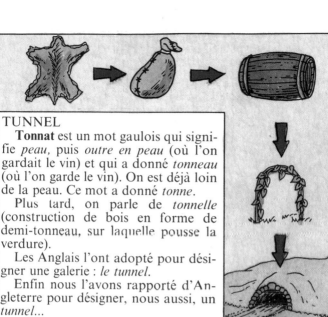

TUNNEL

Tonnat est un mot gaulois qui signifie *peau,* puis *outre en peau* (où l'on gardait le vin) et qui a donné *tonneau* (où l'on garde le vin). On est déjà loin de la peau. Ce mot a donné *tonne.*

Plus tard, on parle de *tonnelle* (construction de bois en forme de demi-tonneau, sur laquelle pousse la verdure).

Les Anglais l'ont adopté pour désigner une galerie : *le tunnel.*

Enfin nous l'avons rapporté d'Angleterre pour désigner, nous aussi, un *tunnel...*

BAÏONNETTE

Une baïonnette, eh bien, c'est l'arme fabriquée à Bayonne, tiens !

ROUBLARD

Un roublard est, au début du XIXe siècle, un richard qui possède beaucoup de roubles (la monnaie russe). Ensuite il désigne le joueur qui réussit à se faire prêter une somme d'argent suffisante... pour pouvoir rentrer chez lui : un roublard !

VACARME

Hélas ! pauvre que je suis disaient les Néerlandais en se bouchant les oreilles, soit en néerlandais : **wach arme !**

Ainsi, le sens des mots dérive lentement : étonné signifiait autrefois... frappé par le tonnerre.

Constructions de mots

Certains mots sont simples : fleur, idée, rire... ils sont réduits à leur noyau.

Mais d'autres s'entourent d'éléments appelés préfixes, fixés avant le noyau, et suffixes, fixés après. Ils grossissent le mot en même temps qu'ils en modifient le sens.

Au milieu des mots **institution**, **substitution**, on repère le noyau **-stit-** qui signifie rester.

Soit ce noyau **-stit-** : le préfixe *con-* donne : **constituer**, le suffixe *-ion* en fait un nom : **constitution**, le suffixe *-nel* en fait un adjectif : **constitutionnel**, le préfixe *anti-* donne l'opposé : **anticonstitutionnel**, le suffixe *-ment* en fait un adverbe :

On raconte que c'est le mot le plus long de la langue française. Mais aujourd'hui, la multiplication des produits chimiques engendre chaque jour des mots de plus en plus longs, tel ce désinfectant :

-benzoyltrifluoroacetamidotridesoxylyxohexopyranosylhexahydrotetrahy-

Très souvent, un seul mot latin est l'ancêtre d'une famille entière de mots français. Dans tous les mots d'une famille, le noyau reste le même : on le repère.

Parfois, une partie de la famille se forme sur un noyau populaire, l'autre sur un noyau savant.

*De potionem,
le peuple a fait
poison et les savants
potion ;
le peuple fut plus
ingénieux et plus
personnel.*

Remy de Gourmont

Hospitalis,
si vobis placet ?

navigare,
nager et *naviguer*
natalis,
noël et *natalité*

*Je me souviens
que j'étais fier
de connaître
beaucoup de mots
dérivés de caput :
capitaine, capot,
chef, cheptel,
caboche,
capitale, capitole,
chapitre, caporal,
etc.*

Georges Pérec

Le mot latin
hospitalis,
hospitalier
a donné
hôpital et *hôtel*.
Le **s** s'est
transformé en
accent circonflexe.

hylisopropylidènenaphtacènedione !

Mots homonymes

Quelquefois, des mots d'origine différente se retrouvent sous une même forme !

le vase
du latin *vas*
la vase
du néerlandais *wase*
le moule
du latin *modulus,* mesure
la moule
du latin *musculus,* coquillage
le mousse
de l'espagnol *mozo,* garçon
la mousse
du francique *mossa,* vin mousseux
le vague
du latin *vagus,* vagabond
la vague
du viking *vagr*
le poêle
du latin *pensilis*
la poêle
du latin *patella*
Il y a aussi
le poil
du mot latin *pilus,* qui a donné pelure, pelage, peluche et épluchure.

> *Tu es Pierre, et sur cette pierre
> je bâtirai mon église.*

Jésus, selon saint Mathieu

Il existe aussi des mots dont le sens, ouvert comme un éventail, présente un grand nombre de nuances désignant des objets totalement différents.

pierre
du latin *petra*,
du grec *petra*

Ainsi, le mot **carte**, du latin *charta* : papier, signifie depuis 1400 :
carte à jouer,
et depuis 1636 :
carte géographique,
et depuis 1803 :
carte de restaurant,
et depuis 1845 :
carte de visite,
et depuis 1900 :
carte postale,
carte d'identité,
carte perforée...
Le mot **hôte** désigne aussi bien celui qui invite que l'invité.

25

> *Vos bouches mentent !*
> *Vos mensonges sentent la menthe,*
> *amantes !*
>
> Robert Desnos

Enfin, il existe en français près de 3000 homonymes !

Les plus célèbres sont :
détoner qui vient de *tonnerre*, comme *détonation*
et **détonner** qui vient de *ton*, comme *entonner*.
Allez vous plaindre à l'Académie française.
pose ou **pause** les deux viennent du latin, mais il y a eu confusion dès le Moyen Age :
la pose, c'est le travail,
la pause, c'est le repos !
philtre du grec *philtron*, de *philein* : aimer
filtre du francique *filtir* : feutre.

26

> *L'an est si lent.*
> *Abandonnons nos ancres dans l'encre,*
> *mes amis !*
>
> Robert Desnos

Hé !? le cygne me fait signe !

Je vends des amandes...

Pour payer mes amendes !

Amandes en gros

encre
du latin *encaustum*,
du grec *egkauston*
ancre
du latin *ancora*,
du grec *agkura*

cygne
du latin *cygnus*,
du grec *kuknos*
signe
du latin *signum*

amande
du latin *amygdala*,
du grec *amugdalê*
amende
du latin *emendare*

La chair est chère, hélas !

Eh, On se croit en chaire ?

Boucherie Sa
La Meille

chair
du latin *carnis*
chère
du latin *cara*
chaire
du latin *cathedra*

27

Plutôt se pendre aux pins
s'éprendre des yeux peints
que de gagner son pain
où les fleuves vont s'épandre

Robert Desnos

pain
du latin *panis*
pin
du latin *pinus*
peint
du latin *pingere*

reine
du latin *regina*
rêne
du latin *retina*
renne
de l'allemand *Reen*

résonne
de résonner
du latin *resonare*,
de *sonare*, sonner
raisonne
du nom raison,
du latin *ratio*,
calcul

sot
mot d'origine
inconnue
saut
du latin *saltus*
seau
du latin *sitellus*
sceau
du latin *sigillum*,
figurine (du cachet)
diminutif de
signum, signe

pont
du latin *pons,
pontis*
pond
du latin *ponere*

pan
du latin *pannus*
paon
du latin *pavo,
pavonis*

pouls
du latin *pulsus*,
battement
pou
du latin *pediculus*,
petit pied

coque
mot enfantin,
du bas latin *coco*
coq
onomatopée,
d'après le cri du coq
coke
de l'anglais *coke*,
charbon

ver
du latin *vermis*
vert
du latin *viridis*
vers
du latin *versus*
verre
du latin *vitrum*
vair
du latin *varius*,
varié,
fourrure bigarrée

29

Il y a tant de temps que je t'attends...

Jacques Prévert

taon
du latin *tabo, tabonis*
temps
du latin *tempus*
tant
du latin *tantum*

arrête
du verbe arrêter,
du latin *arrestare*
arête
du latin *arista*

délacer
de lacer,
du latin *laqueare*,
serrer au lacet
délasser
de las,
du latin *lassus*,
fatigué

cœur
du latin *cor, cordis*
chœur
du latin *chorus*

Sous quelle tente
mes tantes
ont-elles engendré

les neveux silencieux
que nul ne veut sous les cieux
appeler ses cousins ?

Robert Desnos

tante
du latin *amita*
tente
du latin *tendere*
tente
du verbe tenter,
du latin *temptare*

trop
du francique *throp*,
entassement
(a donné aussi
troupeau)
trot
du haut allemand
trottôn,
marcher

entre
du latin *intrare*
antre
du latin *antrum*
du grec *antron*

prêt
du latin *praesto*
près
du latin *pressus*
pré
du latin *pratum*

31

*Il était une fois
dans la ville de Foix
une marchande de foie
qui vendait du foie.*

*Elle se dit : « Ma foi,
c'est la première fois,
et la dernière fois
que je vends du foie !»*
Comptine populaire

Foix
du celtique *Fuxum*
foie
du latin *ficatum*,
figue (les Romains
farcissaient le foie
avec des figues)

héraut
du francique
heriwald
héros
du latin *heros*,
du grec *hêrós*

conte
du latin *computare*,
calculer
compte
du latin *computare* !
comte
du latin *comes*,
comitis,
compagnon

poix
du latin *pix*
pois
du latin *pisum*
poids
du latin *pondus*
pouah
(onomatopée)

Les dents, là, bouchent.
Les dents la bouchent.
L'aidant la bouche.
Lait dans la bouche.

Laid dans la bouche.
Laides en la bouche.
L'aide en la bouche.
L'est dans la bouche.
Jean-Pierre Brisset

dent
du latin *dens, dentis*
dans
du latin *inde*
d'en de de + en
du latin *de* et *inde*

sang
du latin *sanguis*
sans
du latin *sine*
s'en de se + en
du latin *se* et *inde*
cent
du latin *centus*
sens, sent
du latin *sentire*

on
du latin *homo*,
homme
ont
du latin *habent*

son
du latin *suum*
sont
du latin *sunt*

33

Être ou ne pas être

...telle est la question.

William Shakespeare

être
du latin *essere*
hêtre
du francique *hester*

si
du latin *si*
six
du latin *sex*, 6
scie
du latin *secare*,
couper
s'y de **se** + **y**
du latin *se* et *ibi*

ni
du latin *nec*
nid
du latin *nidus*
n'y de **ne** + **y**
du latin *non* et *ibi*
nie
du latin *negare*,
nier

J'aimerais être un hêtre...

Mais si six scies s'y mettent ?...

Ni nid ni gui n'y reste...

Et Guy nie !

Ceci tuera Cela

*...A notre sens,
cette pensée
avait deux faces.*

Victor Hugo

Ne pas confondre :
ce, ça, ces
du latin
ecce hoc !
le voici !
ecce hac !
le voilà !
ecce iste !
les voici !
ce, ça, ces
c'est quelque chose
qui remplace
ceci-cela !

se, sa, ses
du latin
se, sua, suos
se, sa, ses
se garde, se regarde
en se réfléchissant !

Si un des époux vend la table, ce qui paraît être la résolution de ne plus jamais manger, n'est-ce pas épouvantable ?

Jean-Pierre Brisset

Les homonymes n'ont pas toujours le bon goût de s'écrire de la même façon. Ce sont des traîtres authentiques mais quand on veut les confondre ils ne résistent pas à cinq secondes de réflexion.
On distingue les homonymes ayant le même ancêtre, des homophones ayant des ancêtres totalement différents.

L'ORTHOGRAPHE

Certaines langues s'écrivent simplement comme elles s'entendent. D'autres tiennent compte de l'histoire des mots : elle conservent dans l'écriture certaines lettres, témoins d'une forme ancienne, aujourd'hui inutiles...

Autrefois, le français s'écrivait avec beaucoup de fantaisie. Mais en 1673, Charles Perrault, l'auteur des célèbres « Contes de Fées », proposa à l'Académie de fixer l'orthographe du français, avec toutes les bizarreries étymologiques du jour, pour n'en plus changer.

PEAU D'ÂNE TOI-MÊME !!!

L'alphabet muet

A	comme	saoul
B	comme	plomb
C	comme	tronc
D		poids
E		femme
F		nerf
G		doigt
H		heure
I		oignon
J		fjord
K		
L		outil
M		damné
N		rient
O		paon
P		sept
Q		Vian
R		nier
S		bas
T		isthme
U		gui
V		XIV
W		clown
X		toux
Y		bey
Z		nez

*Je serai content
quand on dira
au téléphone :
V comme Vian...
J'ai de la chance
que mon nom ne
commence pas par Q,
parce que
Q comme Vian,
ça me vexerait...*

Boris Vian

37

Le son de la consonne

La consonne sonne : comment l'écrire ?

b : abus, a**bb**é

p : é**p**i, a**pp**eau

d : adoré, a**dd**ition

t : bâton, ba**tt**u, **th**on

g : gare, **gu**i, se**c**ond, exa**ct**

x : taxi, a**cc**ès, a**ct**ion, to**cs**in, ex**c**ès

ch : **ch**ou, **sh**ort, **sch**iste

j : **j**et, **g**êne, **ge**ai

k : **c**as, **qu**ai, co**q**, a**cc**ord, a**cq**uis, **k**épi, **ch**aos

v : **v**alise, **w**agon

f : **f**ar, e**ff**are, **ph**are

z : ha**s**ard, ba**z**ar, si**x**ième

s : para**s**ol, **c**i, **ç**a, su**cc**ion, **sc**ie, au**ss**i, ra**t**ion, di**x**

n : ca**n**e, ca**nn**e, da**mn**é

m : â**m**e, ho**mm**e

gn : pa**gn**e

l : î**l**e, vi**ll**e

r : heu**r**eux, a**rr**êt, **rh**ume

ye : thé**i**ère, pa**y**é, ra**il**, pa**ï**en, pa**ill**e, grosei**ll**ier

38

La voix de la voyelle

La voyelle chante : comment l'écrire ?

a : mal, femme

â : pas, mâle

oi : moi, couard, noyé, poêle

ou : ouate, jaguar, watt

u : mule, mûre, gageure

i : mil, maïs, île, lys

ô : sot, tôt, saut, seau

o : bol, saur, rhum

e : le, neuf, œil, bœuf

eu : deux, œufs

é : nier, pré

è : fer, père, fête, neige, pair

on : bond, bombe

un : brun, humble, jeun

oin : coin, pingouin

in : lien, peint, thym, pain, faim, pin, simple, lynx, Reims

an : banc, camp, lent, temps, paon, Jean, Caen

Les signaux des signes

Certaines lettres sont des signes

Le signe **H** se fourre partout sans faire de bruit... C'est une lettre fossile qui n'est là que pour rappeler l'histoire du mot :
J'abhorre ton adhésion au ghetto inhumain de l'alhambra.

Après **p**, **r**, **c**, **t**, elle rappelle les lettres grecques φ, ρ, χ, θ.

Le signe **U** durcit le **c** et le **g** devant **e**.

Le signe **E** adoucit le **g** devant **a** et **o**.

Le geai est gai !

Les lettres **m**, **b**, **p**, ne supportent pas qu'un **n** les précède, elles exigent un **M**.

Exceptions :

Le thon, le rhinocéros, le phoque, à la chorale !...

Quel accueil ! cet écueil plein d'orgueil sera notre cercueil !

Mon œil..., c'est un recueil !

Manger des bonbons dans une bonbonne donne de l'embonpoint néanmoins j'en mange !

*Nos tâches tachent
tour à tour
les tours
d'alentour.*

Robert Desnos

Les accents sont des signes

Ils changent le sens d'un mot. Après une voyelle accentuée, jamais de lettre double (sauf : *châssis*).

ôte ton chapeau, on est deux "T".

L'apostrophe, le tréma, les tirets, la cédille, sont aussi des signes !

Du caïque, la naïve Héloïse, naïade héroïque, voit la ciguë contiguë aux glaïeuls, et crie à son aïeul laïc, païen et stoïque, d'une voix exiguë mais aiguë :

REMETTEZ VITE LES TRÉMAS VITE !

UN CAIMAN LES MAIS SOUS T !

ÇA ALORS ! J'ai aperçu un garçon

REMETTEZ LES CÉDILLES SVP...

L'accent aigu
se pose sur le **e** uniquement ;
on l'entend toujours.

L'accent grave
se pose sur le **e** ;
sur le **a** et le **u** :
là, on ne l'entend jamais. Il ne sert qu'à distinguer à l'œil **a** de **à**, **ou** de **où**, **la** de **là**, et à décorer **déjà**.

L'accent circonflexe
peut se poser sur cinq voyelles :
mât, vêt, fît, tôt, mûr.
Il sert parfois à distinguer le subjonctif de l'indicatif.

Le tréma
sert à séparer les voix de deux voyelles.
Il se place toujours sur la deuxième.

La cédille
accrochée sous la lettre **c**, transforme le son **k** du **c** suivi de **a, o, u,** en un son *sss.*

41

Au début des mots

Souvent, un préfixe est accroché à l'avant du mot : deux consonnes se sont rencontrées et, à force de les prononcer vite, l'une a déteint sur l'autre. Or beaucoup de mots français commencent par un préfixe...

Le préfixe **in** signifie
soit *dans*,
soit *non*.
Le français parlé
a transformé **in** :

in + **l** devient **ill-** :
illustre
illégal
illégitime
illimité
illogique...

Tous les mots
en **ill-**
ont deux **l**

Les exceptions sont des mots qui ne commencent pas par un préfixe :

sauf :

Quand on habite sur une île, on est îlien ou îlais !!!

Et sur un îlot ?

Quant on connaît les exceptions on se souvient de la règle !

in + **m** devient **imm-** :
immaculé
immobile
immonde
immodéré
immense...

Tous les mots
en **imm-**
ont deux **m**

sauf :

Cette imitation, c'est bien imité...

Non, c'est bien imaginé !

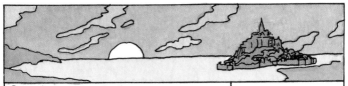

Quand on connaît les exceptions on se souvient de la règle !

sauf :

Quelle ironie !... l'irascible Iranien donne un iris irisé à l'iroquois iro - nique...

Quand on connaît les exceptions on se souvient de la règle !

sauf :

Sur l'ocre océan d'octobre, l'oculiste m'octroie un globe oculaire...

Charmant!

in + r devient **irr-** :
irresponsable
irrespirable
irrité
irruption
irrationnel...

Tous les mots
en **irr-**
ont deux **r**

Le préfixe **ob**
signifie *devant*.
Le français parlé
a transformé **ob** :

ob + c devient **occ-** :
occasion
occlusion
occident
occulte
occupation...

Tous les mots
en **occ-**
ont deux **c**

43

COMICE DU COMESTIBLE

com + m reste **comm-** :

commerce
commode
commission
commutateur...

Tous les mots
en **comm-**
ont deux **m**

Quand on connaît les exceptions on se souvient de la règle !

COMITÉ CONTRE LE COMA

sauf:

Quelle comédie!

Comique!

Le préfixe **com**
signifie *avec*.
Le français parlé
a déformé **com** .

com + r devient **corr-** :

correspondance
corriger
corrélation
corruption...

Tous les mots
en **corr-**
ont deux **r**

Quand on connaît les exceptions on se souvient de la règle !

sauf: La corolle du corail
Coréen est coriace !

Prends du
Coriandre de
Corinthe!

Quand on connaît les exceptions on se souvient de la règle !

sauf :

Votons, afin de rendre l'Afrique aux Africains !

INDEPENDAN

Quand on connaît les exceptions on se souvient de la règle !

Dans cet atroce atelier, l'âtre a des atours !!!

sauf : Mais dans cet atlas atone pas trace d'Atlantique !!

T'as de l'atout ?

Pas un atome !

ad + f devient **aff-** :

affoler
affreux
affliger
affection...
Tous les mots
en **aff-**
ont deux **f**

Le préfixe **ad**
signifie *à*.
Le français parlé
a déformé **ad**.

ad + t devient **att-** :

attaque
attente
attrait
attrape...
Tous les mots
en **att-**
ont deux **t**

Attention !
Le préfixe grec α
signifie *sans*.
Asymétrie signifie
sans symétrie,
et *analphabète* :
qui ne connaît pas
l'alphabet.

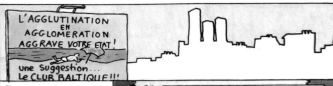

g
ne redouble jamais
sauf dans
quatre mots
et leurs familles.

d
ne redouble jamais
sauf dans
trois mots
et dans quelques
mots étrangers
et leurs familles.

b
ne redouble jamais
sauf dans
quatre mots
d'origine orientale
et leurs familles.

46

Au milieu des mots

Au cœur d'un mot déshabillé de ses suffixes et de ses préfixes, on trouve le noyau qui donne le sens principal. Parfois ce noyau a envoyé deux branches qui s'écrivent différemment.

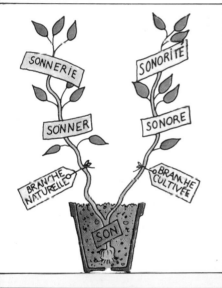

Ce sont les **m** et les **n** qui redoublent le plus souvent, car ils servent à écrire les sonorités nasales **an**, **on**, **in**.

Or, autrefois, beaucoup de voyelles étaient nasalisées : on disait **sōn-ne** et les deux **n** étaient nécessaires ; un **n** pour *son* et un **n** pour *ne*, les deux sont restés.

Sonore n'a qu'un **n** car il a été repiqué directement sur le latin *sonorus*.

C'est pourquoi on écrit :
trappe attraper,
courir courrier,
chatte chaton,
donneur donateur,
honneur honorer,
souffler boursoufler,
mamelle mammifère,
ordonnance ordinateur

Parfois, un seul excentrique fait bande à part et embête tout le monde en ne s'écrivant pas comme les autres :

char	bras
charroi	brasse
charron	brasser
charrier	brassée
charrette	brassard
charretée	brassière
chariot	**bracelet**

47

A la fin des mots

A la fin d'un mot, un suffixe vient souvent s'accrocher.

Les adjectifs qui se terminent au féminin par

-ette

ont deux **t**

cadette
coquette
douillette
pauvrette...
Mais la série n'est pas productive.

sauf :

Je disais donc... quand on connaît les exceptions, on se souvient de la règle !

Les noms féminins qui se terminent par

-ette

ont deux **t**

chaussette
(petite chausse)
cordelette
(petite corde)
maisonnette
(petite maison)
planchette
(petite planche)...
en ajoutant en général une nuance « petite ».

sauf :

Il se trouve que les verbes en **-eler** ou **-eter** doublent le **l** ou le **t** devant le son **e**, pour rendre le son **é**. Ils se terminent alors par

-elle
-ette

j'appelle
j'interpelle
j'attelle
je jette
j'époussette
je projette

Mais les noms masculins qui se terminent par

-ète

n'ont qu'un **t**
ascète
poète
prophète
épithète...

Les roses de ma grand-mère sont aussi jaunes que mon grand-père qui était asiatique.

Eugène Ionesco

Bizarres, en fait, ces adjectifs qui au masculin comme au féminin se terminent par un **e**.

Ainsi la série en **-ique** est très productive :

comique
satanique
épique
tragique
informatique...
et *pourquoi pas*
enférique !

La série en **-aire** se porte bien aussi :

honoraire
grabataire
arbitraire
ordinaire...

La série en **-oire** par contre, est morte :

notoire
méritoire
illusoire
dérisoire...

La série en **-ile** est abondante :

habile
débile
volatile
infantile...

Il y a des suffixes qui ont beaucoup de succès : on s'en sert tous les jours pour construire de nouveaux adjectifs.

sauf :

Ce jardin public, laïc et chic est noir de monde !

Oh ! un nombre pair de pieds !

Je te croyais civil, subtil, et viril, mais tu n'es que puéril, volatil et vil !!!

sauf :

— pas tranquille !

Moi ?

sauf:

Ce visage-pâle a l'air mâle, mais il est sale et ovale !

Oui, il a l'air frêle et grêle mais fidèle ! et pas isocèle ni paral-lèle ...

? ? ?

Plus rassurants, les adjectifs qui se terminent au masculin par **l** :

Ainsi **-el**
habituel
résiduel
conceptuel
opérationnel...

Ainsi **-al**
royal
normal
mental
cérébral...

sauf:

Dans nos villages natals, boréals ou australs, les banals chantiers navals, automnals et finals, glacials et bancals nous sont souvent fatals...

Vous êtes jovials dans la Marine !

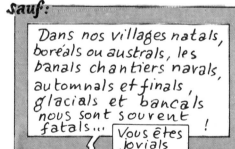

Attention !
Ces adjectifs font **-aux** au pluriel :

royal, royaux
normal, normaux
mental, mentaux
cérébral, cérébraux

Si vous voulez une règle de grammaire :
le verbe s'accorde avec le sujet consonnamment.
Par exemple : le nègre aigrit,
les négresses s'aigrissent ou maigrissent.

Marcel Duchamp

Les terminaisons des verbes ont aussi leurs séries.

Ainsi, tous les verbes en **-onner** prennent 2 **n** car presque tous sont formés sur un nom :
don, don-ner, donner.

Il y a beaucoup de verbes en

-onner

donner
sonner
dé**ton**ner*
a**bon**ner
pilonner
bidonner
ordonner
sermonner
abandonner...

* Avez-vous lu la page 26 ?

et de verbes en

-anger

langer
ranger
manger
changer
louanger
ar**r**anger
mélanger...

sauf:

Qui veut trôner sans ramoner doit téléphoner sans s'époumoner!

Héhé... ça va détoner

KOF détoner KOF

sauf:

BROUM

Ça, c'est se venger!

sauf :

Tous les verbes en
-indre
ont viré en

-eindre

teindre
feindre
peindre
geindre
éteindre
atteindre
enfreindre...

Tous les verbes en
-endre
se terminent par

-endre

tendre
vendre
fendre
rendre
prendre
entendre
descendre...

sauf :

Tous les verbes en
-oir
se terminent par

-oir

voir
avoir
savoir
valoir
vouloir
recevoir
mouvoir...

Drôles de masculins

Les noms masculins qui se terminent par le son -é s'écrivent

-é

blé
pâté
pavé
carré...

-er

dîner
panier
papier
pâtissier...

Un nom peut être commun ou propre, masculin ou féminin, singulier ou pluriel. Pour marquer cela, on met une majuscule aux noms propres, un **e** aux noms féminins, un **s** aux noms pluriels. Mais certaines règles souffrent beaucoup d'exceptions.

sauf:

Ce pygmée athée a reçu un trophée du musée : un Scarabée sur un caducée...

Euh... tu vas à l'Elysée...?

NON.... AU LYCÉE!

j't'ai prévenu! ⊙✳⁑! Quand on connaît les exceptions, on se souvient de la règle!

sauf:

Pied-de-nez du rez-de-chaussée.

54

Drôles de féminins

Calquée sur le latin, il existe une série gigantesque de noms féminins, désignant presque tous des idées abstraites, qui se terminent en **té** ou **tié** et qui constituent plus de 700 exceptions ! et il s'en crée sans cesse de nouveaux...

Les noms féminins qui se terminent par le son é s'écrivent

-ée

soit parce qu'ils sont simples :
fée
idée
poupée
dragée
araignée...

soit parce qu'ils sont tirés d'un nom :
bolée (de bol)
cuillerée (de cuiller)
brassée (de bras)
pâtée (de pâte)
pelletée (de pelle)
potée (de pot)...

soit parce qu'ils sont tirés d'un verbe :
allée (de aller)
pensée (de penser)
rangée (de ranger)
jetée (de jeter)
dictée (de dicter)
montée (de monter)
...

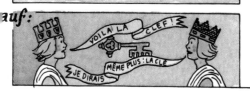

55

sauf : J'ai le foie !

Les noms masculins

En raison de leurs origines étymologiques, les noms masculins qui se terminent par le son **-i** s'écrivent :

-i
cri
abri
mari
jeudi...

-il
fusil
outil
persil
sourcil...

-is
colis
tapis
salsifis
paradis...

-it
lit
habit
bandit
biscuit...

sauf : Cet impie a du génie : contre l'incendie, il a un parapluie amphibie !

sauf : Dans ce pays, le prix du riz est plus élevé que le nid sur le crucifix du puits...

Les noms féminins

En raison de la règle française, les noms féminins qui se terminent par le son **-i** s'écrivent :

-ie
scie
chipie
amie
copie...

par le son **-u** s'écrivent :

-ue
rue
laitue
statue
morue...

par le son **-ai** s'écrivent :

-aie
taie
raie
craie
baie...

par le son **-ou** s'écrivent :

-oue
roue
joue
boue
gadoue...

Il pleure dans mon cœur
comme il pleut sur la ville.
D'où vient cette langueur
qui pénètre mon cœur ?

Paul Verlaine

S'écrivent en

-ile

tous les noms
masculins :

crocodile
domicile
ustensile
volatile...

et tous les noms
féminins :

île
file
pile
automobile...

sauf:

Ce baril de bacilles en exil sur le gril est un péril pour le civil en ville...!

Quel babil au chenil!

Le pistil d'avril a un cil de profil!

L'ÉCOLOGIE EST NOTRE AFFAIRE

S'écrivent en

-eur

tous les noms
masculins :

cœur
tueur
trappeur
ingénieur...

et tous les noms
féminins :

peur
fleur
sœur
vapeur...

sauf:

Aucun heurt en cette demeure !

Hé oui...c'est l'heure du beurre.

AAAAFF

Un jour de canicule sur un véhicule où je circule, gesticule un funambule au bulbe minuscule, à la mandibule en virgule et au capitule ridicule.

Raymond Queneau

:auf:

Le consul est nul en calcul! tu as vu le recul du cumul?!

Oh! une bulle sur ma robe en tulle!

S'écrivent en

-ule

tous les noms masculins :

véhicule
tentacule
matricule
crépuscule...

et tous les noms féminins :

pilule
formule
libellule
campanule...

:auf:

L'azur est par dessus le mur, si bleu, si calmé... Garde mieux ton fémur dans le futur...

S'écrivent en

-ure

tous les noms masculins :

murmure
mercure
bromure
cyanure...

et tous les noms féminins :

écriture
peinture
aventure
confiture...

Drôles de pluriels

Ont un pluriel en **-X**

les noms
qui se terminent
au singulier par **-al** :

cheval, *chevaux*
métal, *métaux*
cristal, *cristaux*
bocal, *bocaux*
animal, *animaux*
végétal, *végétaux*...

sauf :

sauf :

les noms
qui se terminent
au singulier par **-au** :
étau, *étaux*
gruau, *gruaux*
joyau, *joyaux*
préau, *préaux*
matériau, *matériaux*...

les noms
qui se terminent
au singulier par **-eu** :
feu, *feux*
pieu, *pieux*
dieu, *dieux*
neveu, *neveux*
milieu, *milieux*
cheveu, *cheveux*...

sauf :

Ce sont les mères des hiboux
Qui désiraient chercher les
  [poux
De leurs enfants, leurs petits choux,
En les tenant sur les genoux.
Leurs yeux d'or valent des bijoux
Leur bec est dur comme des
  [cailloux
Il's sont doux comme des joujoux,
Mais aux hiboux, point de genoux !

hem... Robert Desnos!

Ont un pluriel en **-S**

les noms
qui se terminent
au singulier par **-ou** :
cou, *cous*
sou, *sous*
fou, *fous*
clou, *clous*
bambou, *bambous*
manitou, *manitous*...

sauf :

- AULX ←

Il y a des travaux :
mettre des vitraux
aux soupiraux,
des émaux et des
coraux aux vantaux !

Heureusement
les baux sont
renouvelables !

Je t'ai
prévenu !
quand on
connaît les
exceptions
on se sou-
vient de la
règle...

les noms
qui se terminent
au singulier par **-ail** :
rail, *rails*
détail, *détails*
bétail, *bétails*
bercail, *bercails*
éventail, *éventails*
chandail, *chandails*...

61

LA GRAMMAÎRE

Les mots varient
pour marquer
le singulier
ou le pluriel,
le féminin
ou le masculin,
le présent
ou le passé
etc.

Les noms, les verbes, les adjectifs
Il n'y a pas de frontière étanche entre ces trois familles.

Un verbe peut
devenir nom
ou adjectif.

Un adjectif peut
devenir nom.

Un nom peut
devenir adjectif.

64

Au commencement était le verbe...

Dieu, selon saint Jean.

...*et le verbe s'accorde toujours avec son sujet.*

Le verbe,
c'est l'action.
Lorsqu'un verbe
devient un adjectif,
on l'appelle
participe passé,
et comme
les adjectifs, il suit
les transformations
du nom qui le
concerne. Mais si
ce nom arrive
après le participe
passé, c'est trop
tard pour
l'accorder.

L'adjectif,
suit le nom.
Le masculin
l'emporte.

Le nom,
commande
les variations
du verbe et
de l'adjectif.

L'infinitif
dit le nom du verbe.
C'est le verbe
à l'état brut,
au point mort.

goûter

La voie,
indique
le point de vue
actif ou *passif*.

Le mode,
c'est la manière :

le mode *indicatif*
constate

le mode *impératif*
commande

le mode *subjonctif*
dépend
d'une autre action

le mode
conditionnel
suppose

le mode *participe*
participe autant
de l'adjectif
que du verbe.

Le verbe dans tous ses états :
Les conjugaisons.

Les terminaisons du verbe sont de véritables cadrans indicateurs. Les cadrans qui s'animent indiquent que le verbe est en pleine conjugaison.

Je mange

Je suis mangée

J'avance

AVANCEZ !

Il tire pour que Nous avancions

J'avancerais...

O SI JE POUVAIS

POLICE

AVANCÉ - AVANÇANT

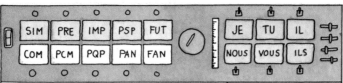

Les conjugaisons sont très variées, et certains verbes disposent même de carcasses de rechange.

D'autres verbes, très vieux, ont de très jolies carrosseries mais certains cadrans bloqués : *clore, frire*.

Le verbe *aller*, en se conjugant, choisit entre ses trois carrosseries, **all**, **ir**, **v** : j'allais, j'irais, je vais.

> J'ai avancé,
>
> J'avais avancé,
>
> J'eus avancé,
>
> J'aurai avancé !

> j'avance,
> j'avançais,
> j'avançai,
> j'avancerai !

> Je suis avancé !

> Je vais avancer.

AVOIR

ETRE

Le temps dit le moment de l'action

Le *temps simple* le dit tout seul.

Le *temps composé* utilise deux sortes d'auxiliaires :

l'auxiliaire avoir ou l'auxiliaire être pour porter le participe passé du verbe sans en changer le sens.

les auxiliaires du deuxième type : *aller, venir, devoir, pouvoir, faire, laisser,* pour tirer des infinitifs en apportant une nuance dans le sens.

67

*Combien de poèmes brisés
que ne recueille aucun recueil...*

Raymond Queneau

Attention ! en écrivant, il ne faut pas confondre l'action et l'objet.

le bal**ai**   bal**aie**

Ouais, ben il balaie pas tout seul !

Si vous hésitez, passez-le à l'imparfait.. s'il résiste c'est un objet !

le sign**al**   sign**ale**

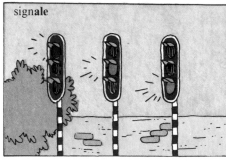

l'appar**eil**   appar**eille**

et l'év**eil**, ça év**eille** ?

C'est en écrivant
Qu'on devient écriveron.

Raymond Queneau

Il ne faut pas confondre le travail ...   avec son résultat...

C'est en néglig**eant** qu'on devient néglig**ent**

C'est en fabri**quant** qu'on devient fabri**cant**

C'est en prési**dant** qu'on devient

Prési**dent**

*Je ne conseille à personne
d'étudier la conjugaison des verbes :
c'est de l'usage qu'il faut les apprendre.*

Etienne Bonnot de Condillac

HÉ!
HÉ!

Si vous hésitez
pour écrire :
raté ou *rater*,
cassé ou *casser*,
**remplacez
par mordre**
Si ça marche,
c'est une idée !
Si ça se change
en *mordu*,
c'est un état de fait.

EX-
VASE-MING

Hé! faut
rien casser!

eh bien... c'est
déjà cassé...

Il ne faut pas confondre une idée et
un état de fait.

Vaut mieux
se rattraper
qu'être
rattra-pé...

Dépêche-toi
tu vas rater
l'école!

Bof... elle est
déjà ratée!

Veux-tu toute ta vie offenser la grammaire?

MOLIÈRE!

*J'ai
tu hais
il est*

*nous aimons
vous aidez
ils errent*

De quels verbes s'agit-il ?

HO HOO!

"Il prit son sabre, mais reçut un coup d'épée et s'évanouit ... et à cause du sabre pris et du coup reçu, il resta évanoui!"

C'est plus prudent !

Si vous hésitez pour écrire :
prit ou *pris*,
reçut ou *reçu*,
brunis ou *bruni*,
passez à l'imparfait.
Si ça ne marche pas,
passez au féminin
et rectifiez
en conséquence...

Il ne faut pas confondre une action et un état de fait.

Ah, Soleil! Je languis Je blondis Je brunis

T'as pas bruni, t'as plutôt rougi!

Le professeur n'instruit que les élèves instruits !

71

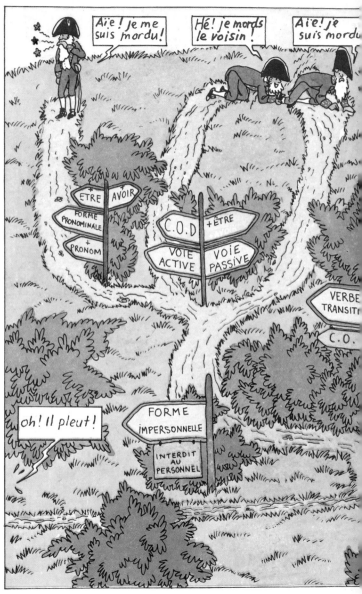

72

Petits mots variables

Les petits mots variables
Ils sont possessifs ou démonstratifs,
relatifs ou interrogatifs,
ou indéfinis....

Les pronoms
remplacent les
noms afin que
l'on ne les use
pas trop.
Par exemple,
pour ne pas trop
user le nom
chaussette
ni le nom du
propriétaire
des chaussettes,
on peut remplacer
chacun par
des pronoms :
*c', quoi, ça, qui, on,
se, le, autres, tiennes,
toi-même...*

Mais il existe un
pronom
invariable et très
extraordinaire
qui arrive à
remplacer tout le
monde : ON.

Les déterminants
présentent le nom et
le précisent.

74

Petits mots invariables

Les prépositions
sont de petites clefs
qui introduisent
un nom ou
un verbe :
*à, dans, par, pour,
en, vers...*

**Les conjonctions
de coordination**
sont de petits
crochets qui
accrochent
deux noms,
deux verbes,
deux adjectifs, ou
deux propositions :
*mais, ou, et, donc,
or, ni, car...*

**Les conjonctions
de subordination**
accrochent une
proposition
à un verbe :
que, si, quand...

L'adverbe-adverbe est parfois seul à pouvoir dire une idée :
déjà, *hier*, *environ*...
Parfois un morceau de phrase se colle en vieillissant et devient un adverbe : *autour*, *quelquefois*, *aujourd'hui*...
Pas encore collés : *à peu près*, *par cœur*, *tout à fait*...
sont des adverbes.

L'adverbe

Surpuissant, il modifie un verbe ou un adjectif. Il peut même éclairer une phrase tout entière. Il peut la relancer, la retourner. Il peut au besoin faire le travail d'un verbe : dire le temps.

L'adverbe-adjectif est formé sur un adjectif : *méchant* donne *méchamment*, prudent donne *prudemment*, etc.

L'adverbe-adjectif

Comme les noms, verbes et adjectifs, il naît autour d'une idée. Mais des quatre états possibles d'une même idée, seul l'adverbe reste invariable.

Une même idée peut vivre dans plusieurs mots.

La **nature** et la fonction

Le **nom** *est* le héros, c'est lui le sujet dont il s'agit. Il est presque toujours précédé d'un petit serviteur **déterminant** qui l'*annonce* et le présente. Si le nom est absent, un **pronom** le *remplace* et le **verbe** *dit* ce qui arrive au sujet. Les **adjectifs** *colorent* les noms. Les **adverbes** *colorent* les verbes ou les adjectifs et parfois la phrase tout entière. Les **prépositions** et les **conjonctions** *accrochent* les morceaux.

Enfin, si l'on veut en dire plus, on peut compléter un mot avec d'autres mots. Mais attention ! Quelquefois, un morceau de phrase remplace un nom...

L'interjection fait tout ça en un ou deux mots... pas très précis !

Allez !... ben dis !...

ça alors ! eh ben...

Bof !... Mince !...

Moi, j'aime les sportifs !

Moi, je suis sportif !

Le complément complète un verbe ou un nom.	L'attribut complète un nom grâce au verbe être.

Les phrases

La proposition
C'est une phrase, ou un morceau de phrase qui contient un mot indispensable :

La proposition indépendante ne dépend de personne et personne ne dépend d'elle. On remarque que certaines propositions très indépendantes se croient autorisées à se passer de verbe !...

UN VERBE!

Ciel le verbe s'est fait chair

Gloire à Dieu au plus haut des cieux

Il est né le divin enfant

Je pense DONC je suis.

j'y suis, j'y reste!

La bonne grammaire ne doit pas être en contradiction avec la bonne grand-mère car, ainsi que les petits enfants, elle parle selon la voix du peuple.

Jean-Pierre Brisset

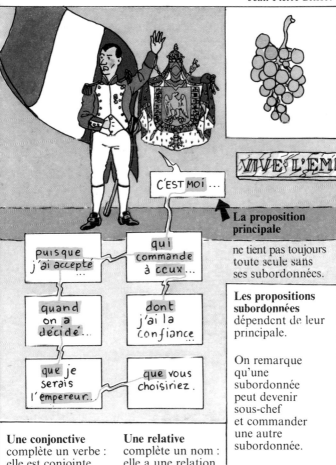

C'EST MOI ...

VIVE L'EMP

La proposition principale ne tient pas toujours toute seule sans ses subordonnées.

puisque j'ai accepté ...

qui commande à ceux ...

quand on a décidé...

dont j'ai la confiance

que je serais l'empereur..

que vous choisiriez.

Les propositions subordonnées dépendent de leur principale.

On remarque qu'une subordonnée peut devenir sous-chef et commander une autre subordonnée.

Les subordonnées sont relatives ou conjonctives.

Une conjonctive complète un verbe : elle est conjointe à ce verbe grâce à une conjonction de subordination.

Une relative complète un nom : elle a une relation avec ce nom grâce à un pronom relatif.

79

LE LANGAGE

Nous rangeons instinctivement les mots dans un ordre convenable, celui du bon sens et de l'usage français : une bleue robe ou une robe bleue ?

Parfois ça se complique : un chien sale ou un sale chien ?

On peut dire :
Belle marquise
vos beaux yeux
me font mourir
d'amour.
Ou bien :
D'amour mourir
me font,
belle marquise,
vos beaux yeux.
Ou bien :
Vos beaux yeux
d'amour me font,
belle marquise,
mourir.
Ou bien :
Me font vos yeux
beaux mourir,
belle marquise,
d'amour.

MONSIEUR JOURDAIN :
Mais de toutes ces
façons-là, laquelle
est la meilleure ?

Molière

Le langage suit des règles mais on s'amuse à tricher.

C'est pourquoi la langue reste vivante : elle prend des raccourcis pour surprendre, invente des détours pour intriguer, feinte pour vous assommer ou vous submerge directement.

Hé, chef ! y'a des tonnes de sandwiches, des wagons entiers de coca et tous les chouinegommes de la terre !

Ben c'est pas triste ici...

Un raz-de-marée :
L'hyperbole
entasse
les exagérations
pour étonner.

Une feinte :
La litote
dit tout doucement
ce qu'elle pense pour
qu'on l'entende
très fort.

Moi ? je vais où le roi va seul...

Il est trop !

De quoi ?

Tu cherches !

Un détour :
La périphrase
tourne autour
du pot.

Un raccourci :
L'ellipse
dit le minimum,
on complète
soi-même.

81

Les tropes

Tournure d'écriture, celle qui emploie une image : la métaphore, la métonymie sont des tropes.

La catachrèse
est une image tellement ancienne et usée que l'on ne la voit plus.
ailes d'une voiture, bras d'un fauteuil, pied d'un verre...

La métaphore
est une image fraîche : elle décrit ce dont on parle en nommant *quelque chose d'autre* qui lui ressemble, mais dans un tout autre domaine.

La métonymie
attrape le mot par la queue : elle nomme *quelque chose qui a un rapport* avec ce que l'on veut désigner. On comprend très bien et même mieux.

Les mots ont un sens propre, mais ils peuvent prendre un sens figuré : devenir des images. *La nuit tombe, le soleil se lève,* sont des images vieilles comme le monde.

Dès que l'on parle avec des images fraîches, on est poète.

La langue chante pour charmer, montre des images pour mieux raconter.

Les sanglots longs
Des violons de l'automne
Blessent mon cœur
D'une langueur monotone
...

L'allitération fait entendre une musique.

La métaphore fait voir une image.

Le Poète est semblable au prince des nuées ... hmm... hmm... Ses... ailes de ... géant... l'empêchent... de... marcher ...

Il existe toujours un mot juste pour dire notre pensée, notre sentiment. La langue que nous parlons et que nous écrivons nous ouvre le monde.

Les figures

L'hyperbole,
la litote,
la périphrase,
l'ellipse
sont des figures.

Une surprise
pointue :
L'oxymore
rapproche deux
mots qui
s'opposent pour
donner une
impression aiguë.

Un mariage
audacieux :
Le zeugme
joint deux mots
à l'aide d'un
troisième qui leur
sert de lien... chacun
complète le sens à
sa manière !

Un bonne
blague :
La syllepse
prend un mot
dans son sens
figuré et glisse
sur son sens
propre.

Afin de frapper le lecteur, ou l'audi-
teur, la langue joue mille tours de
magie aux noms extravagants...

Tu dis ? rien ?

Quel silence bruyant !

Moi, j'aime les garçons et les nouilles !

Tu nous compares à des nouilles !

T'AIMES BEAUCOUP LES NOUILLES, JE VOIS !

Ce pain n'est pas coupable

Alors il est inno-cent ???

84

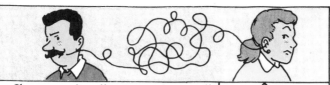

Il y a ce qu'on dit, et ce qu'on ne dit pas. Et, parfois, ce qu'on ne dit pas fait plus de bruit que ce qu'on dit...

Je vois... monsieur est bien en-veloppé.

Un déguisement : **L'euphémisme** emploie une expression aimable pour dire quelque chose de désagréable...

Qu'est-ce que tu veux encore! mais tu attends ma mort, ou quoi!...

Mais non, j'attends pas ta mort... enfin!!!...

Un retournement : **L'antanaclase** reprend un même mot dans un sens différent du premier, de façon inattendue...

Ah Ouais, ben je te prie d'attendre, mon gars

Y M'ENERVE!

ET CAETERA ET CAETERA...

Le chemin des idées

On doit, en parlant comme en écrivant, conduire sa phrase avec force et astuce. Les as du langage utilisent souvent des trucs de cascadeurs, qui étonnent...

Une ruse :
Le bathos
vous entraîne
fermement dans
une direction et,
brutalement, vous
retourne !

Une morsure :
Le persiflage
fait semblant
de dire
des gentillesses
mais s'arrange
pour tourner
l'autre en ridicule.

Une tricherie :
Le sophisme
affirme
des propositions
qui semblent
logiques mais
finissent par se
contredire.

Mais on fait parfois des acrobaties sans le vouloir et le résultat peut être curieux. Car certains tours sont dangereux. S'ils sont réussis, ils font de l'effet, sinon...

TRÈS FORT!

Je l'ai vue de mes yeux vue !!!

Une répétition :
Le pléonasme
appuie pour donner de la force au propos.
Mais il est parfois inutile et ridicule !

LOURD!

C'est de la vraie fourrure véritable !

Une évidence :
La tautologie
est parfois bienvenue quand elle fait réfléchir, et parfois comique : c'est la lapalissade !

Héhé, moi aussi, avant d'être vieux j'ai été jeune, gamins !

Le carré est carré !

Une provocation :
Le paradoxe
affirme deux propositions contradictoires, on en reste pantois...

Je mens !

C'est vrai que je mens...

EUH... DONC VOUS DITES LA VERITE...?

87

L'écriture et la parole

Nos émotions sont dans nos mots comme des oiseaux empaillés.

Henri de Montherlant

Il y a mille façons d'exprimer une idée. Chaque phrase qui dit une idée dépend de la personne qui parle ou qui écrit, de celle qui écoute ou qui lit, de l'heure et du lieu.

Le matériel :

L'intonation, c'est le ton qu'on prend en parlant.

Le vocabulaire, ce sont les mots qu'on choisit. Le fait est que des *godasses* sont des *chaussures* !

Mais on dit que certains mots sont très recherchés, d'autres plus familiers. Le tout est de savoir qui vous écoute ou vous lit !

Ce que l'on conçoit bien s'énonce clairement,
Et les mots pour le dire arrivent aisément.

Nicolas Boileau

La grammaire,
la syntaxe,
sont l'art
d'accrocher
les mots et
les propositions
correctement,
c'est-à-dire
selon l'usage... d'ici
et d'aujourd'hui.
Mais on peut,
si on veut,
leur faire subir
un tas de supplices !

La construction :
On peut s'exprimer
à l'aide de longues
phrases ramifiées,
ou par courtes
périodes, en prose
(irrégulièrement)
ou en vers
(par paquets
réguliers de
syllabes)
selon l'humeur
et on peut même
rimer !

Poil au nez !

La rhétorique :
Ce sont tous les
tours (il y en a
une quantité)
plus ou moins
acrobatiques que
la langue fait faire
à la pensée.

89

Le mot juste

Je pense, donc je suis...
où suis-je ?
DESCARTES

L'important, c'est de trouver le mot juste pour s'exprimer ; ce qui est *comestible* n'est pas forcément *mangeable*. Et puis, trouver le mot juste, c'est souvent raccourcir la phrase.

Les phrases courtes sont presque toujours les plus efficaces : elles sont claires. on risque peu d'y faire des fautes. On passe facilement d'une idée à la suivante.

Les synonymes sont deux mots qui traduisent la même idée ou désignent la même chose : *aïeux = ancêtres, livre = bouquin.* En réalité, il n'existe pas de vrais synonymes. Chaque mot est irremplaçable !

Je pars tout de suite, mais je voulais juste entrer pour dire en passant que j'entrais seulement pour dire bonjour avant de partir...

ENTRE OU SORS !

Employer carrément un mot à la place d'un autre, revient à mettre du sucre à la place du sel. C'est délicieux une fois sur mille, et pas par hasard, il y faut l'intention !

UN LIVRE   UN BOUQUIN
LE GUIDE MAUPASSANT POUR TOUT SAVOIR
MACHIN CHOSE ÇA VA ROUILLER

La Cimaise et la Fraction (1)
"La cimaise ayant chaponné tout l'éternueur, se trouva fort dépurative quand la bixacée fut verdie...

LA BIXACÉE ?

(1) La Fontaine revu par Lescure & Queneau...

> *Les mots sont ces quelques feuilles qui créent l'illusion d'un arbre avec toutes ses feuilles...*
>
> Elsa Triolet

En fait, deux ennemis guettent la langue : les clichés et les obscurités qui donnent une langue morte, volatilisée. Une image qu'on n'a pas inventée se fane immédiatement.

Une image morte :
Le cliché
ramasse des images préfabriquées, usées, toutes prêtes ; rien n'y a été inventé ni senti : *soleil ardent, teint de rose, joyeuses fêtes, œil vif, usé jusqu'à la corde, mort de fatigue, herbe folle...*

> Hors du clair foyer, l'abeille travailleuse butine la fleur odorante, et l'astre du jour darde ses rayons ardents sur la rose écarlate...
>
> BZZZZ
>
> MAIS OU AI-JE MIS LE NUMERO DE TELEPHONE DE PIVOT..??

Une maladie :
L'obscurité
qui résulte d'abstractions en chaîne, est un mal qui fait s'évanouir la langue. Les prétentieux l'utilisent pour épater leurs lecteurs, mais les perdent en route...

> Ces projets qui ont été élaborés dans le sens de l'harmonisation des textes, visent à travers une définition précise des études préalables à renforcer la mise en œuvre des dispositions établies lors de la précédente réunion
>
> RRRRR
>
> ... DANS LA COMMODE DE LA CAVE ... NON ...

(2) Rapporté par JP Toussaint dans la Salle de bains à minuit...

Le pouvoir du mot

Chaque mot a un corps qui se voit et s'entend. Ce corps développe autour de lui un halo, visuel, sonore et affectif, qui lui donne sa puissance poétique.

Dans le halo du mot *bizarre*, on perçoit *bazar*, *hasard*, *bisou*... et ceux qui connaissent *Pizarre* y perçoivent *bijoux* !

C'est la taille de ton époux !

Il est en vente au détail ?

Il vente sous ce vantail...

... plein de poux, d'ail et de paille !

Pouvant mais rien qui vaille!

tout, vaille!

Il se vante!

Les bijoux de Pizarre sont bizarres...

Halo du mot *épouvantail*

Quels beaux halos autour des mots : grenouille (grouille, nouille, gredin, grille, guenille...), balançoire (blanc, lance, asseoir, banc, boire...) avalanche, ordinateur, araignée, bouleversant, marionnette, libellule, catastrophe, crocodile...

para||èle...

QU'EST-CE QUE J'AI ENCORE FAIT !

Echauffourée = chaude affaire de chats fous et de rats effarouchés

Michel Leiris

En fait, une bonne part du halo est parfois donnée par l'histoire même du mot. Ainsi, dans *banlieue*, nous percevons *banale lieue :* et c'est effectivement l'étymologie du mot banlieue !

Mais notre perception des halos fonctionne parfois de façon trompeuse et il faut avouer que la langue française sait nous jouer des bons tours !

A l'inverse, la langue invente constamment des expressions où chaque mot perd son sens d'origine : *en revanche, taper sur les nerfs, à la fois, être sur les dents*... Il en existe plus de 25 000 en français !

Lorsqu'on voit le mot *lin* dans le nom de l'oiseau *linotte*, on retrouve une vérité oubliée : cet oiseau est appelé linotte... précisément parce qu'il aime picorer le lin !

Le bouvreuil, lui, est ainsi nommé parce qu'il aime se reposer... sur le bœuf.

93

L'origine du mot

Cratyle dit :
les noms ont été
donnés aux choses
de telle manière
que le son des lettres
exprime l'essence
de ces choses.

Hermogène répond :
les mêmes choses
sont désignées par
des mots différents
d'une langue
à l'autre, et même
parfois dans une
même langue !

Depuis toujours les hommes se questionnent : d'où viennent les mots ? Dans la Grèce antique, le philosophe Platon imagina le dialogue de deux curieux, Cratyle et Hermogène, qui s'intéressent à l'origine des mots.

Partisans de Cratyle

Partisans d'Hermogène

94

> *La nature est un temple où de vivants piliers*
> *Laissent parfois sortir de confuses paroles...*
>
> Charles Baudelaire

On sent bien qu'Hermogène a raison : les mots sont des signes convenus entre des personnes parlant la même langue. Pourtant, certains sons semblent particulièrement bienvenus pour traduire une impression.

I dit le petit, le piquant

An suggère le grand

On suggère le sombre

Ou suggère le doux

R est bruyant

A suggère l'éclat.

Un fait : la bouche humaine rétrécit pour dire le son **i** et s'agrandit pour dire **a**.

Voici deux mots inventés : *takete* et *maluma*. Voici deux dessins présentés à de nombreuses personnes, de langues différentes, qui ont toutes attribué *takete* aux lignes brisées et *maluma* aux lignes courbes. Qu'en penser ?

La beauté du mot

Il mettait ces mots aimés en lumière, précédés d'une sorte de marge...
Marcel Proust

Le mot « presbytère » venait de tomber, cette année-là, dans mon oreille sensible, et d'y faire des ravages... J'avais recueilli en moi le mot mystérieux, comme brodé d'un relief rêche en son commencement, achevé en une longue et rêveuse syllabe... Enrichie d'un secret et d'un doute, je dormais avec le mot et je l'emportais sur mon mur... Je m'avisai que « presbytère » pouvait bien être le nom scientifique du petit escargot rayé jaune et noir...
Colette

Le mot OISEAU : il contient toutes les voyelles. Très bien, j'approuve. Mais, à la place de l's, comme seule consonne, j'aurais préféré l'L de l'aile : OILEAU, ou le v du bréchet, le v des ailes déployées, le v d'avis : OIVEAU.
Francis Ponge

Le nom de Parme, une des villes où je désirais le plus aller depuis que j'avais vu la Chartreuse, m'apparaissait compact, lisse, mauve et doux... Bayeux, si haute dans sa noble dentelle rougeâtre, et dont le faîte était illuminé par le vieil or de sa dernière syllabe...
Marcel Proust

Caille, quel joli nom ! Le tremble, quel joli nom d'arbre !
Jules Renard

> *Prendre un dictionnaire,*
> *barrer tous les mots à barrer.*
> *Signer : revu et corrigé.*
>
> Marcel Duchamp

Les mots fabriqués récemment font mal comme des chaussures neuves : *minibar* (latin + anglais), *alcootest* (arabe + anglais). Certains mots étranges dénotent l'appauvrissement de la langue annoncé par l'écrivain George Orwell pour 1984.

Il songeait aux mots anciens qui sont beaux comme des plantes sauvages.

Remy de Gourmont

Les mots ont besoin de vieillir pour trouver leur beauté.

Goéland,
Giroflée,
Potiron,
Arlequin,
Écureuil,
Papillon,
Sortilège !

Étoile.
Soupir,
Dragon,
Pivoine,
Hiver,
Oreille,
Merveille !

La littérature

qu'eft devenu cefront poly,
Ces cheveulx blonds, foufcilz voultiz
grant entr'œil, ce regard ioly,
Dont prenoye les plus fubtilz,
Ce beau nez droit, grant ne petiz,
Ces petites ioinctes oreilles...

Votre bouche était belle,
votre front et vos mains
dignes d'une Immortelle,
Et votre œil, qui me fait
trépasser quand j'y pense.

O beauté qui te fais
      adorer en tous lieux
Cruel poison de l'âme,
      et doux charme des yeux.

Belle, sans ornements,
dans le simple appareil
D'une beauté qu'on vient
d'arracher au sommeil...

Avec ses épaules nues,
ses jambes fines que sa
jupe découvrait par
moments, ses cheveux noirs,
ses yeux de flamme, c'était
une surnaturelle créature.

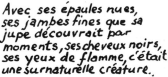

Le chef-d'œuvre de la
création, cette fille dont
le teint chaudement
coloré, dont la peau douce
étincelait comme si elle
eût réfléchi les rayons
des lumières...

Depuis plus de mille ans, la langue française s'est développée à travers sa littérature, c'est-à-dire son écriture : nos écrivains ont toujours su trouver des phrases originales et neuves pour dire des choses... éternelles !

Sujet n° 1 : vous raconterez votre rencontre avec la beauté.

Tout est dit, et l'on vient trop tard, depuis plus de mille ans qu'il y a des hommes et qui pensent.

LA BRUYÈRE
LE PROFE
UN ABBRUTIE

Mon Dieu, qu'elle est belle ! Que ses grands yeux me plaisent vus de près.

STENDHAL

Ta tête, ton geste, ton air, Sont beaux comme un beau paysage Le rire joué en ton visage Comme un vent frais dans un ciel clair.

BAUDELAIRE

Ses cheveux étaient dorés, et ne l'étaient pas seuls ; car si ses joues étaient roses et ses yeux bleus, c'était comme le ciel empourpré du matin où partout pointe et brille l'or.

PROUST

Le brillant de ses yeux s'accorde avec des cheveux propres, gommés et couleur de piano neuf.

COLETTE
Colette é une fille !

Pourtant j'ai vu les plus beaux yeux du monde, Dieux d'argent qui tenaient des saphirs dans leurs mains.

ELUARD
té gaffe a toi lemercié

99

La poésie

Poésie,
du verbe grec
ποιειν
qui signifie *créer*.

Parfois, comme
Prométhée,
le héros qui vola
le feu de Zeus
pour l'offrir
aux hommes,
un poète plonge
dans l'inconnu et
rapporte les mots
qui vont changer
la vie !

Donc le poète est vraiment voleur de feu.

Il est chargé de l'humanité, des animaux même ; il devra faire sentir, palper, écouter ses inventions ; si ce qu'il rapporte de là-bas a forme, il donne forme ; si c'est informe, il donne de l'informe. Trouver une langue.

Du reste, toute parole étant idée, le temps d'un langage universel viendra ! Il faut être académicien, — plus mort qu'un fossile — pour parfaire un dictionnaire, de quelque langue que ce soit. Des faibles se mettraient à penser sur la première lettre de l'alphabet, qui pourraient vite ruer dans la folie !

Cette langue sera de l'âme pour l'âme, résumant tout, parfums, sons, couleurs, de la pensée accrochant la pensée et tirant. Le poète définirait la quantité d'inconnu s'éveillant en son temps dans l'âme universelle...

Arthur Rimbaud,
16 ans
lycéen à Charleville,
en 1871.

Le petit lexique de la langue française

Académie française

C'est une assemblée de 40 écrivains connaissant toutes les ressources du français. Elle a été créée en 1635 par Richelieu. Sa principale fonction consiste à décider si tel mot est français et comment il faut l'écrire.

En 1694, sortait le premier *Dictionnaire de l'Académie* : quarré et quarreau devinrent *carré* et *carreau*, on changea rheume en *rhume*, aage en *âge*, nud en *nu*, bled en *blé* et cuict en *cuit*. Mais les Académiciens déclarèrent en 1718 : « ou en seroit-on s'il en falloit reformer les elemens sur la difficulte que les enfans auroient »...

Ancien français

Il ressemblait beaucoup au latin. Le plus vieux texte en langue française date de 842 ; il raconte les accords de Louis avec Charles contre Lothaire, tous trois fils de Charlemagne :
SI SALUARAI EO CIST MEON FRADRE KARLO AIUDHA ET IN CADHUNA COSA...
Puis l'ancien français s'est détaché progressivement du latin ; on comprend déjà mieux :
En chantant,
 li chiet ses fromaiges ;
Renart lo prant,
 qui est plus saiges ;
Faim avoit,
 si l'ai devorey.
Isopet de Lyon

Argot

Il est aussi vieux que le français, bourré de mots très évocateurs. Appeler les chaussures des *pompes*, c'est bien décrire des vieilles chaussures qui pompent l'eau des flaques !
Blague, loufoque étaient des mots argotiques il y a cent ans.

Barbarisme

Blancheté... dormeux... faisez...
C'est un mot étrange, barbare comme disaient les Grecs, fabriqué par celui qui ignore ou ne retrouve pas le mot exact dont il a besoin.

Belgicisme

Tournure particulière aux Belges. Ainsi, *ça peut mal* ! veut dire « ça m'étonnerait ».

Cajun

C'est la langue française transformée par les Américains de la Louisiane.

Calligraphie

Belle écriture soignée.

Celte

Les langues celtes se divisent en deux familles : les goidéliques, dont font partie l'irlandais et le gallois, et les brittonniques, dont font partie notre breton, et feue la langue gauloise.

Créole

C'est un français dont la grammaire, le vocabulaire et la syntaxe sont très transformés.
On parle créole aux Antilles, par exemple.

Dictée

C'est un jeu, mais seuls ceux qui savent bien lire y gagnent. En 1868, l'écrivain Prosper Mérimée (l'auteur de Carmen) inventa le texte d'une dictée très difficile restée célèbre : Napoléon III y fit 45 fautes et Alexandre Dumas, 19.

Il y est question, entre autres, de *cuissots* de chevreuil et de *cuisseaux* de veau...

Dictionnaire

C'est un recueil de mots rangés dans l'ordre alphabétique. Le plus ancien date de la Renaissance.

Etymologie

ετυμος signifie *vrai*. L'étymologie, c'est la science de l'origine des mots.
Les plus vieux mots français, sont *cloche* et *pot* qui viennent des mots celtes **clocca** et **pott**, *personne* et *olive*, qui viennent des mots étrusques **phersu** et **eleiva**, *caillou* et *galet* descendants jumeaux de l'antique **cal** celte, et *natte* que nous tenons du phénicien **natta**.
Qui découvrira l'origine des mots *ardoise, sot, semelle, camion, gamin, rhubarbe, lapin, calembour, brosse, tarte, pivot, bêche, ogive...* ?

Francophone

Plusieurs millions de personnes parlent la langue française dans le monde : les francophones. Soit c'est leur langue maternelle (environ 100 millions de personnes : Français, Québecois, Belges, Suisses, Américains, Africains...), soit c'est la langue officielle de leur pays, soit... ils l'ont apprise !

Gallicisme

C'est une tournure de phrase qui n'appartient qu'au français par exemple : *est-ce que*. Beaucoup d'expressions adverbiales sont des gallicismes : *par cœur, en revanche…* où l'idée de cœur ou de revanche est devenue bien lointaine !

Gaulois

Il ne reste rien des milliers de vers que les druides apprenaient par cœur afin de conserver les légendes celtes. La mémoire fut l'unique recueil de la littérature gauloise.

Muette, la lettre H nous sert depuis longtemps de signal. Par exemple, pour distinguer le U du V qui n'étaient qu'une même lettre pour les Romains, les copistes du Moyen Âge eurent l'idée de distinguer VIT (*octo*, en latin), VILE (*olio*), VÎTRE (*ostreum*) de vit, vile et vitre, en les faisant précéder d'un H : HVIT, HVILE, HVÎTRE. C'est pourquoi, huit, huile, huître ont un h, malgré leurs étymologies.

Idéogramme

Les panneaux de la signalisation routière sont des idéogrammes : au lieu d'écrire avec des lettres, ils s'expliquent par un dessin.

Inventions

En 1863, La Landelle inventa le mot *aviation*, inspiré du mot latin **avis**, oiseau, et, en 1890, Ader inventa le mot *avion*.
En 1956, Jacques Perret inventa le mot *ordinateur*.
Tout le monde peut faire des inventions, des trouvailles : le mot inventé restera… si on en a besoin !

J ou I ?

Les Romains n'en connaissent qu'une : I.

Autrefois, donc, le ieune, iuste et ialoux Iule Caesar iouait ioue à ioue sous le iasmin…

Joual

C'est le vieux français conservé au Québec, bourré de mots anglais francisés.

K

L'antique K est aujourd'hui une lettre morte en français ; elle ne sert qu'à transcrire des mots étrangers.

Latin

Cette langue appartient à la grande famille dite indo-européenne, dont font aussi partie les langues celtes et les langues germaniques. En

France, jusqu'au Moyen Âge, on parlait autant latin que français . Aujourd'hui, le latin est une langue morte : personne ne le parle plus. Mais six langues en sont issues : l'espagnol, le portugais, l'italien, le roumain, le romanche et le français.

Lettre

Jamais, au cours de notre histoire, nous n'avons saisi l'occasion de nous fabriquer des lettres sur mesure. Nous devrions n'avoir qu'un seul signe pour *an*, *on*, *in*, *un*, *ou*, *ch*, *gn*...
Par paresse ou par ingéniosité, nous avons utilisé l'alphabet latin en le bricolant à l'aide d'accents et de groupes de lettres...

Mnémotechnique

C'est une technique pour se rappeler par cœur ce qui échappe trop facilement. Comme *Mais où est donc Ornicar* ?

Négation

La double négation n'existe qu'en français :
« Je **n**'aime **pas** l'anis ».
Les étrangers, décontenancés, oublient souvent le deuxième morceau :
« Je **n**'aime l'anis », mais les francophones envoient couramment valser le premier :
« J'aime **pas** l'anis ».

Néologisme

C'est un nouveau mot.
Le jour où ce mot entre dans le dictionnaire, ce n'est bientôt plus un néologisme. Le néologisme *téléviseur* date de 1954, le néologisme *supersonique* de 1960...

Nom propre

Certaines personnes ont laissé une trace importante : leur nom de famille est devenu un nom commun. A la suite d'anecdotes variées, nous évoquons sans

le savoir messieurs Sosie, Calepino, Guillemet, Klaxon, Silhouette, Praslin, Dahl, Frangipani, Mansard, Sandwich, Sade ainsi que madame Melba.
De même, certains noms de lieux sont devenus noms communs : Pharos, Poperinghe (d'où la popeline), Gaza (d'où la gaze), Tsia-Tung (d'où le satin), Cyprium (d'où le cuivre), Florence (d'où le florin), Rugby...

Orthographe

Quand chaque lettre correspond à un seul son, l'orthographe est phonétique (comme en italien). L'orthographe étymologique, elle, conserve certaines lettres qui rappellent une prononciation d'autrefois : on raconte l'histoire du mot en l'écrivant. Le français avait au Moyen Âge une orthographe presque phonétique. Mais depuis, on est revenu progressivement à

l'orthographe étymologique : une des plus difficiles du monde.
L'orthographe est d'État depuis 1832.

Patois

C'est le nom qu'on donne à tout dialecte qui ne possède pas de littérature écrite. Les patois de France sont du gallo-roman populaire transformé, émietté, à la suite des invasions barbares. Le normand, le bourguignon, le francien ont été écrits. Le provençal, ou langue d'oc, plus proche du latin, est une véritable langue littéraire. Mais un patois d'oïl a un jour dominé tous les autres : le francien… patois des plus forts.

Québecisme

Tournure particulière au Québecois,

parfois injectée d'américain. Ainsi *Tu files* pour : « Tu remplis » (de l'anglais *fill*).

Rhétorique

Art de parler et d'écrire de façon à séduire ou convaincre.
La rhétorique emploie pour cela des constructions de langage, des figures, des tropes, qui reflètent avec efficacité et beauté les idées que l'on veut exprimer.

Sigle

C'est ce qu'on a trouvé de mieux pour raccourcir les brochettes de mots. Bien sûr, O.N.U. c'est bien plus vite dit que l'Organisation des Nations Unies. Bientôt, on ne saura plus très bien quels mots O.N.U. représente, mais l'idée demeurera. Ce mot serait un mot français si on l'écrivait *onu* et qu'il trouve sa place dans le dictionnaire entre *onirique* et *onyx*. C'est ce qui s'est passé pour *jeep* qui vient des initiales G.P., qui signifient en anglais *General Patrol*, prononcé Dji-Pi, puis djip et écrit jeep.
Radar, signifie à l'origine *Radio Detection And Ranging*.
Tout le monde l'a oublié : le mot a été digéré par la langue française !

Solécisme

A Soles en Cilicie, les habitants avaient la réputation de s'exprimer en faisant des fautes. Le solécisme est une faute de grammaire : *Je suis été*, *le coq à Jean*, *si j'aurais su*, *c'est moi qui va*, *je m'en rappelle*, *malgré que je suis…* sont d'énormes solécismes, disent tous les grammairiens.

Trope

Tournure d'écriture, celle qui emploie une image : la métaphore, la métonymie sont des tropes.

Usage

Le français n'appartient pas à une institution, mais aux peuples qui le parlent. L'usage du français engendre la règle du bon français.

Vers

Ecrire ou parler en vers, c'est utiliser un rythme régulier de syllabes, appelées pieds.

L'alexandrin est un vers de 12 pieds :
La va leur n'attend pas le nom bre des an nées.
Corneille
Tout ce qui n'est point prose est vers, et tout ce qui n'est point vers est prose !
Molière.

Vocabulaire

Un enfant de 1 an a un vocabulaire de 10 mots environ : *non, maman, papa, pipi, popo, bobo, dodo, parti, tombé,* etc. Le français comporte environ 70 000 mots : que de découvertes à faire !

W

Descendant du digamma corinthien, le w se dit **ou** en anglais, **v** en allemand.
A la fin du Moyen Âge, le français a adopté le signe W qui est un double U. Mais aujourd'hui c'est une lettre morte.

X

L'inconnue des mathématiciens...

Y

Iceluy, cestuy... **Y** était autrefois un simple i ; mais un beau I, soigné, calligraphié, Y. C'est cet élégant Y qu'on a choisi pour transcrire le upsilon grec, d'où son sobriquet : i grec !

Z final

On l'ajoutait à l'*e* final pour lui faire dire *é* : amitiez...

Table des matières

LA LANGUE FRANÇAISE, LA VOILÀ !

Biographies

Agnès Rosenstiehl est née à Paris en 1941. Illustratrice et auteur, elle a publié une vingtaine de livres « pour la jeunesse » dont la plupart sont des divertissements sur l'alphabet, des jeux linguistiques, des citations illustrées.

Elle a écrit le *Livre de la langue française* sous l'œil amusé et critique de Jacques Cellard, chroniqueur de la langue française dans le journal *Le Monde*.

Elle ressent les lents mouvements de la langue sous ses pieds agiles, tel Sindbad le marin comprenant que l'île majestueuse sur laquelle il débarque est un animal monstrueux...

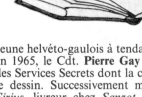

Jeune helvéto-gaulois à tendance belge, né en 1965, le Cdt. **Pierre Gay** est un agent des Services Secrets dont la couverture est le dessin. Successivement mousse sur le *Sirius*, livreur chez *Sanzot*, souffleur au Kursaal de Klow, chauffeur de taxi à Sbrodj, dépanneur chez *Simoun*, assureur chez *Mondass*, colonel puis caporal à Las Dopicos, assistant du Docteur Grossgrabenstein, atomiste au détroit d'Ormuz, ambassadeur Severslave à Swendenborg, illustrateur pour Gallimard et dessinateur aux Studios Hergé, il ambitionne, après ce second livre, de déménager au 26, rue du Labrador, puis à Park Lane.

Il soutient la Fédération des Etats latins et le retour des J.O. à Olympie. Il parle quinze langues et habite sur la ligne de chemin de fer Paris-Bruxelles.

Table des poèmes

L'auteur et l'illustrateur remercient très vivement de leur aide : Françoise Dromigny, Julie Gay, Marie Lallouet, Gisèle Pinsard, Antoinette Surun, Gilles Vente, Philippe Vuagnat.

Nous remercions Messieurs les Auteurs et Éditeurs qui nous ont autorisés à reproduire textes ou fragments de textes dont ils gardent l'entier copyright (texte original ou traduction). Nous avons par ailleurs, en vain, recherché les héritiers ou éditeurs de certains auteurs. Leurs œuvres ne sont pas tombées dans le domaine public. Un compte leur est ouvert à nos éditions.